Lerntechniken & Lernmethoden im Studium

Wie Sie mit effektiven Lernstrategien und perfektem Zeitmanagement schneller lernen, sich besser erinnern und ganz entspannt Bestnoten schreiben

Lukas Glaser

INHALT

Das erwartet Sie in diesem Buch　　　1

Häufige Probleme im Studienalltag　4

Zu wenig Motivation und zu viel Aufschieberitis　5

Zu viel Chaos　16

Zu viel zu merken　30

Zu viel zu lesen　　50

Zehn Schritte zu mehr Erfolg im Studium　　　　　　　　60

Lesetipps　　　　　　　　62

Das erwartet Sie in diesem Buch

Fangen Sie bald an zu studieren und empfinden Sie bereits beim Gedanken daran neben Vorfreude auch eine gute Portion schleichende Überwältigung? Haben Sie gerade angefangen und brauchen Sie einen Wegweiser, wie Sie möglichst gut Ihr Studium und Ihre Freizeit in Einklang bringen können? Wünschen Sie sich seit Langem einen Neubeginn, weil der immer wiederkehrende Zyklus von Motivation, Aufschieben und Stresslernen Sie auslaugt? Wissen Sie schon gar nicht mehr, was Ihr eigentliches Problem ist und wie Sie es angehen können?

Verzweifeln Sie noch nicht, denn das Wissen, was Ihnen in diesem Buch vermittelt wird, kann Ihr gesamtes Studium auf den Kopf stellen.

In diesem Buch wird sich Schritt für Schritt den Problemen gewidmet, die zwischen Ihnen und mehr Erfolg in Ihrem Studium stehen. Anfangen bei Ihrer grundlegenden Perspektive, Motivation und Prokrastination werden Sie lernen, eine Routine aufzubauen, die auf Sie zugeschnitten ist und Sie vor plötzlichem Bulimie-Lernen schützt. Erklärungen zu Ihrer inneren und äußeren Struktur werden Ihnen helfen, Ihre Schwierigkeiten in Organisation und Zeitmanagement herauszufiltern und diese anzugehen. Tipps dazu, wie Sie Ihre Aufmerksamkeit in den Lehrveranstaltungen erhöhen oder effizienter allein zu Hause arbeiten können, ermöglichen Ihnen einen ausgewogenen Alltag, indem Ihre Hobbys nicht zu kurz kommen. Strategien zum vereinfachten Lernen und Wiedergeben von Inhalten und dem effizienten Durcharbeiten von Texten geben Ihnen konkret anwendbare Lösungsvorschläge an die Hand.

Abschließend finden Sie in diesem Buch einen Zehn-Punkte-Plan, welchen Sie sofort angehen können, und eine Liste mit Literaturempfehlungen, falls Sie bestimmte Themen vertiefen wollen. So werden Sie letztendlich erfahren, dass Sie nicht unbedingt härter, sondern größtenteils nur schlauer arbeiten müssen.

Häufige Probleme im Studienalltag

Im Studienalltag kann es an unterschiedlichen Ecken und Enden drücken, jedoch stellen sich immer wieder die gleichen Problemfelder heraus: Mangel an Motivation, fehlende Organisation, chaotische Prüfungsvorbereitung und Schwierigkeiten beim Bewältigen des Lehrstoffes. Im Folgenden wird daher auf Motivation und Prokrastination, Strukturbildung und Zeitmanagement und verschiedene Arbeits- und Lernstrategien eingegangen.

ZU WENIG MOTIVATION UND ZU VIEL AUFSCHIEBERITIS

Motivation

Am Anfang war die Motivation. Oder vielleicht: Am Anfang war der Wunsch nach Motivation? Der Studiengang ist gewählt, die WG bezogen und vielleicht besteht auch schon eine grobe Vorstellung, was nach dem Abschluss kommen könnte. Voller Tatendrang machen Sie sich im ersten Semester an die Arbeit – und es gibt so viel zu entdecken! Der Universitäts-Campus, die Formate der Lehrveranstaltungen, Dozenten*innen, Kommiliton*innen und alles in allem ein neues Leben.

Doch nach und nach zeigen sich kleine Verschleißerscheinungen. Ob nun schon während des Büffelns für die ersten Prüfungen oder in späteren Semestern – zunehmend wird klar, dass dieses neue Leben auch einen großen Batzen Eigenverantwortung mit sich bringt. Wo zu Schulzeiten ein fester Stundenplan bestand, klare Hausaufgaben aufgegeben wurden und man nebenher meist genug Zeit zum Freunde-Treffen oder für andere Freizeitaktivitäten hatte, macht sich jetzt die Nachbereitung nicht von allein, die Mitbewohner*innen fordern ihre Aufmerksamkeit und Sport wollte man auch länger mal wieder machen. Wer hat da Zeit für Zusatztexte, Nachbereitungen oder Sprechstunden?

Noch ein paar Wochen und Monate versuchen Sie, alles zu jonglieren, und immer wieder fallen einige Bälle zu Boden, bis Sie sich letztendlich fragen, wozu Sie sich überhaupt so abmühen. Verschwunden ist die Vorfreude, der Wissensdurst und die inspirierende Berufsvorstellung. An deren Stelle steht jetzt ein Alltag, in dem Abarbeiten und darauf hoffen, dass nichts und niemand zu kurz kommt, im Vordergrund steht. Wie also kann die Motivation vom Anfang wiedergefunden werden?

Motivation finden

Wie in Bezug auf viele andere Dinge ist der erste Schritt aus einer festgefahrenen Situation – wie auch immer die aussehen möge – der erste. Es soll sich etwas verändern. Aber was nur? Genau dessen müssen Sie sich bewusst werden. Wie fühlen Sie sich, wenn Sie an Ihr Studium denken? Welcher Gedanke kommt Ihnen zum Thema Freizeit? Egal, wo Sie anfangen wollen, versuchen Sie, offen und ehrlich in sich hineinzuhören und beachten Sie die ersten Impulse, die Ihnen kommen. Natürlich können Sie das auch im Gespräch mit einer nahestehenden Person machen. Sie können Ihre Gedanken und Gefühle auch schriftlich festhalten – ob geordnet oder ungeordnet. Auch Mindmaps bieten sich an, falls Ihnen gleich mehrere Problemgebiete einfallen.

Nun geht es darum, so schnell wie möglich zu handeln. Bis hierher hatten Sie sich eine Routine angewöhnt und es ist nur menschlich, dass der Bruch damit auf inneren Widerwillen stößt. Das liegt nicht unbedingt daran, dass Sie nicht davon überzeugt sind, dass sich etwas verändern sollte, sondern lediglich daran, dass das menschliche Gehirn Gewohnheiten mag. Etwas Neues ist folglich immer mit einem gewissen Maß an Anstrengung verbunden. Manchmal bemerken wir das kaum. Wir sehen einen schönen Tanzfilm, sind beeindruckt und melden uns gleich am nächsten Tag für einen Kurs an.

Wieso geht das so einfach? Weil hier die Aktivierungsenergie durch Inspiration kam. Genau diese Energie soll erhalten und genutzt werden, indem Sie so schnell wie möglich auf einen Ihrer Impulse reagieren. Wenn Sie das nicht tun, wird es immer wahrscheinlicher, dass der Gedanke an Veränderung immer weiter ins Unterbewusstsein rutscht und zu den Dingen wird, die man auch irgendwann vielleicht mal machen sollte, wenn man gerade nichts anderes zu tun hat. Also nie.

Deswegen: Hören Sie auf sich, werden Sie sich bewusst, was Sie tun wollen, und reagieren Sie so schnell wie möglich darauf. Halten Sie es so konkret wie möglich. Wenn Sie beispielsweise merken, dass Sie in einem Seminar nicht hinterherkommen, weil die Dozentin immer wieder auf Konzepte aus Sekundärliteratur aufbaut, die Sie nicht kennen, nehmen Sie sich vor, vor jedem Seminar mindestens einen Text davon zu lesen, und schreiben Sie es sich unmittelbar in Ihren Planer. Wenn es keine offizielle Leseliste gibt, notieren Sie sich, dass Sie vor der nächsten Sitzung danach fragen werden – oder noch besser: Verfassen Sie sofort eine kurze E-Mail an die Dozentin. Haben Sie erst mal ein konkretes Ziel und bringen Sie die notwendige Aktivierungsenergie auf, rollt der Stein ganz schnell von allein.

Die Informationen und Unterstützung zum Erreichen Ihres Ziels lassen sich bald über Bücher in der Universitätsbibliothek, Erklär- und Ratgebervideos im Internet oder Mitmenschen aus dem sozialen Umfeld wie von selbst finden. Der Schlüssel zur Motivation ist die Reaktion auf Impulse.

Motivation erhalten?

Doch Motivation reicht auf Dauer nicht aus. Obwohl der Satz „Ich kann mich einfach nicht dazu motivieren, regelmäßig zu lernen" ein viel gehörter ist, beschreibt er eigentlich ein Problem, dass nicht viel mit Motivation zu tun hat. Der Impuls und das Ziel sind da und wahrscheinlich wurden auch schon einige Schritte unternommen, um öfter in Notizen zu schauen und nicht erst ein paar Tage vor den Prüfungen mit der Wiederholung anzufangen, wo es aber hapert, ist, das alles in den Alltag einzubauen. Es gibt keine Routine.

Motivation ist zwar gut zur Richtungsgebung, hilft allerdings nur kurzzeitig. Wie schon beschrieben, nimmt das Gehirn lieber den leichteren als den schweren Weg, wenn es vor die Entscheidung gestellt wird. Es gilt das Gesetz des geringsten Aufwands und Widerstands. Das bedeutet, dass diese Tendenz zum Erleichtern immer wieder aktiv überwunden werden muss, wenn sich allein auf Motivation verlassen wird. Immer wieder muss mentale Energie und Willenskraft gesammelt werden, um nicht vom ursprünglichen Vorhaben abzuweichen. Das jedoch verbraucht mit der Zeit enorm viel Energie und so merkt man bald, wie man in alte Gewohnheiten zurückfällt. Die Notizen werden nach der Lehrveranstaltung weggepackt und erst wieder zur nächsten Sitzung hervorgeholt.

Das ist vergleichbar mit dem alljährlichen beobachtbaren Phänomen der Fitnessstudios. Zu Neujahr nehmen sich viele Menschen vor, gesünder zu leben und mehr Sport zu treiben. Sie sind hochmotiviert, bis zum Sommer Ihre Traumfigur zu erreichen, melden sich im Studio an und belegen so viele Kurse wie möglich. Aber schon Ende Frühling gehen die Vertragskündigungen ein. Mit einem Mal alles zu ändern, ist schwerer als gedacht und nicht allein mithilfe eines mentalen Fingerschnippens zu bewältigen.

Wie kann die anfängliche Motivation also genutzt werden und wie gelingt eine Umstellung im Alltag? Indem auf die Entscheidung, etwas zu verändern, der Weg dorthin auch in das alltägliche Leben integriert und als Standard festgelegt wird. Mit anderen Worten: Es müssen neue Gewohnheiten geschaffen werden. Nur so wird dem Gehirn die Entscheidung abgenommen, etwas anfänglich Unangenehmes zu tun, sodass dies automatisch ablaufen kann.

Wie sieht folglich der Weg von der Motivation über Gewohnheiten zum Erreichen persönlicher Ziele aus? Hier ein schrittweiser Ablaufplan:

1. Beobachten Sie Ihren Alltag und bauen Sie Ihre

Veränderung realistisch ein. Wenn Sie beispielsweise für eine konkrete Lehrveranstaltung mehr lernen wollen, überlegen Sie, an welchen Wochentagen Sie wirklich Zeit dafür haben. Auf diese Art und Weise ermöglichen Sie Ihrem Vorhaben, tatsächlich eine Gewohnheit werden zu können, und Sie laufen nicht Gefahr, dass es anderen wichtigen Dingen ausweichen muss, die nun einmal auch ihren Platz in Ihrem Alltag haben.

2. Fangen Sie klein an. Kaum etwas kann mehr zurückwerfen als Überforderung. Gehen Sie demnach zunächst erst einmal kleinere Schritte. Sie haben an einem Nachmittag in der Woche Zeit zur Wiederholung des Lernstoffes? Prima! Nehmen Sie sich vor, jede Woche an diesem Tag eine halbe Stunde zu lernen. Somit können Sie sofort anfangen, an Ihrem Ziel zu arbeiten, ohne dass es für Sie schon zu Beginn zu viel wird. Dennoch haben Sie den metaphorischen Fuß in der Tür. Das ermöglicht es Ihnen, sich langsam an die Umstellung zu gewöhnen. Über die Zeit können Sie dann stufenweise darauf aufbauen. Wenn Sie merken, dass es simpel für Sie ist, sich wöchentlich für die halbe Stunde zum Lernen zu setzen, gehen Sie einen Schritt weiter. Bauen Sie Ihre neue Gewohnheit stufenweise auf und gehen z. B. dazu über, jetzt eine dreiviertel Stunde in Ihre Aufzeichnungen zu schauen.

3. Machen Sie sich die Veränderung so mühelos wie möglich. Verbunden mit dem aufeinander aufbauenden Vorgehen ist, dass Sie versuchen sollten, Spannung, die die bevorstehende Umstellung betrifft, aus der Situation zu nehmen. Das funktioniert am besten, indem das, was die neue Gewohnheit betrifft, auf diese angepasst und vorbereitet wird. Die halbe Stunde Lernen ist geplant? Sorgen Sie dafür, dass Ihre Notizen ordentlich und übersichtlich sind. Haben Sie einen aufgeräumten Arbeitsplatz, der auf Ihre Bedürfnisse angepasst ist. Entfernen Sie Ablenkungen wie Benachrichtigungen Ihres Handys, störende Geräusche oder offene Tabs zu Videos, die Sie lieber schauen würden, als Ihrer Arbeit nachzugehen.

4. Rechnen Sie mit Schwierigkeiten. Es ist nur normal, auf Probleme oder sogar Scheitern zu stoßen, wenn sich etwas Neuem gewidmet werden soll. Bei der Entwicklung von Gewohnheiten ist das nicht anders. Akzeptieren Sie, dass Fehler und Fehlbarkeiten auf Sie zukommen können, und lassen Sie sich nicht von ihnen aus der Ruhe bringen, wenn diese tatsächlich auftreten sollten. Geben Sie nicht auf, wenn Sie nach ein paar Wochen einmal doch nicht dazu gekommen sind, am Nachmittag zu lernen. Denken Sie daran, dass Fortschritt ein Prozess ist und sich somit erst aufbauen

muss. Atmen Sie durch, überlegen Sie, was der Fehler war, wie er entstanden ist, und lernen Sie daraus. Vielleicht ziehen Sie die Konsequenz, sich an diesem Tag am Abend immerhin noch zehn Minuten mit Ihren Notizen zu beschäftigen. Wenn Sie aus solchen Situationen herausgehen, ohne sofort alles hinzuschmeißen, wird Sie das auf Dauer stärken.

Prokrastination

Die sogenannte Prokrastination beschreibt den Prozess, bei dem sehr klar ist, was eigentlich getan werden soll, aber stattdessen andere Aufgaben oder Aktivitäten vorgeschoben werden.

Begleitet werden diese von fadenscheinigen Ausreden und Erklärungen. So „kann ich doch jetzt noch nicht anfangen mit dem Lernen. Hier liegt noch alles voller ungewaschener Klamotten. Wenn es ordentlicher ist, fällt es mir bestimmt leichter. Außerdem habe ich den ganzen Nachmittag, um anzufangen. Die halbe Stunde wird sich auch später noch finden". Leider findet sie sich bekanntlich am Ende dann doch nicht oder nur gezwungenermaßen, unter erheblichen Anstrengungen, die eigentlich vermieden werden sollten, und Schuldgefühlen, weil man auch früher hätte anfangen können.

Prokrastination ist altbekannt und vermutlich hat

jeder sie schon einmal erlebt. Aber entgegen der landläufigen Vermutung, das Aufschieben liege an schnöder Faulheit und Unlust, handelt es sich bei diesem Phänomen eigentlich um ein Ausweichmanöver. Wir prokrastinieren zumeist, wenn wir schlichtweg überfordert von der vor uns liegenden Aufgabe sind, und dagegen lässt sich so einiges unternehmen.

Zunächst einmal sollten Sie daran arbeiten, sich **bewusst zu werden**, dass und wann Sie prokrastinieren. Hören Sie sich zu und erkennen Sie, dass Ihre Ausreden zwar logisch sind, jedoch nicht rechtfertigen, warum vom ursprünglichen Plan abgewichen werden soll.

Beobachten Sie, bei welchen Aufgaben Sie anfangen zu prokrastinieren, und überlegen Sie, woran das liegt. Überforderung kann unterschiedliche Gründe haben, liegt aber im Grunde genommen daran, dass die Aufgabe, der Sie sich stellen wollten, zu groß ist. Heute Nachmittag eine volle halbe Stunde zu lernen, scheint nicht machbar. **Konkretisieren und verkleinern Sie folglich Ihre Ziele** für das nächste Mal. Sagen Sie sich lieber: „Ich gehe heute Nachmittag, 15 Uhr, für eine Viertelstunde noch einmal meine Notizen von der letzten Sitzung des Seminars durch".

Versuchen   Sie   dann,   aufkommende

Schuldgefühle loszulassen. Akzeptieren Sie Ihr kleines temporäres Scheitern, verzeihen Sie sich und machen Sie weiter. Sie sind nicht weniger für Ihre Aufgaben geschaffen, nur weil diese sich für Sie mal zu groß angefühlt haben und Ihr Gehirn mit dem Ausweichen schlichtweg menschlich reagiert hat. **Kreieren Sie Momentum.** Gut, vielleicht hätten Sie vor einer Stunde mit der Stoffwiederholung anfangen wollen, aber nichts hindert Sie daran, sich jetzt gleich daran zu setzen und zumindest ein bisschen zu tun.

Sobald Sie einmal angefangen haben, wird es Ihnen deutlich leichter fallen, dabei zu bleiben und möglicherweise die Aufgabe vor Ihnen zu beenden. Das Gleiche hilft auch bei Blockaden durch zu viel Grübeln. Versuchen Sie, nicht vorher zu viel darüber nachzudenken, ob Sie denn alles Handwerkszeug haben, um die Aufgabe zu meistern, und steigern Sie sich nicht in Selbstzweifel und Fragen, wie Sie denn jetzt am besten anfangen sollten, hinein. Etwas ist in diesem Fall besser als nichts und kann im Nachhinein immer noch überarbeitet werden.

Ähnlich ist es auch, wenn Sie wissen, dass Sie etwas aufschieben, weil es Ihnen schwerfällt. Fangen Sie absichtlich an, **an dem Schweren zuerst zu arbeiten.** Setzten Sie sich an die Aufgabe und machen Sie zumindest etwas daran, erleichtern Sie sich somit den erneuten Anfang später und hören Sie auf, wenn Sie eine Pause brauchen. Zu Beginn Ihrer Arbeitsphase haben Sie noch am meisten Energie. Außerdem wissen Sie, dass es danach mit anderen Aufgaben nur leichter werden kann.

Zu guter Letzt kann auch ein vorbereitetes **Energiepäckchen** helfen, um aus einem Aufschiebe-Trott auszubrechen. Sammeln Sie sich ein paar Dinge zusammen, die Sie inspirieren und daran erinnern, warum Sie sich auf Ihrem Weg auch mal unangenehmeren Problem stellen müssen. Das kann eine Tafel mit schönen Fotos zu dem Thema, handliche Symbole, die für Ihr Ziel stehen, motivierende Texte oder anregende Filme sein. Ihnen sind keine Grenzen gesetzt!

ZU VIEL CHAOS

Nun haben Sie gelernt, was Sie brauchen, um an die Arbeit zu gehen. Bereit stehen Sie in den Startlöchern, jedoch sollten Sie sich ebenfalls Gedanken über Ihre äußeren Voraussetzungen für ein erfolgreiches Studium machen. Deswegen wird es in diesem Kapitel um die Organisation eines passenden Arbeitsbereichs und die Strukturierung Ihrer Gewohnheiten gehen.

Ordnung am Arbeitsplatz

Prokrastination als Symptom der Überforderung haben Sie bereits kennengelernt. Dementsprechend ist es nicht verwunderlich, dass uns auch ein unübersichtliches Umfeld dazu bringen kann, weniger effizient zu arbeiten oder vielleicht erst gar nicht richtig an die Arbeit zu gehen. Ein für Sie geordneter Arbeitsplatz ist somit essenziell. Das bedeutet nicht, dass er minimalistisch eingerichtet, klinisch sauber oder überhaupt immer am gleichen Ort sein muss. Probieren Sie folgende Vorschläge aus und passen Sie sie auf Ihre persönlichen Bedürfnisse an.

Ihr Arbeitsplatz sollte **organisiert** und möglichst **sauber** gehalten werden. Mit nichts kann man sich plötzlich leichter beschäftigen als mit herumliegenden Zetteln oder Kuchenkrümeln, obwohl ja eigentlich dieses eine wichtige Kapitel durchgelesen werden sollte. Kabel zum Laptop oder Computer sollten sich nicht auf dem Tisch knäulen und lassen Sie auch genug Platz für die Materialien, mit denen Sie arbeiten werden. Dabei ist es auch förderlich, an die genaue Platzierung Ihrer technischen Geräte zu denken, um gegebenenfalls diese gleichzeitig mit einem Notizbuch verwenden zu können, ohne auf räumliche Probleme zu stoßen.

Der Ort sollte für Sie eine **angenehme Atmosphäre**

schaffen, sodass Sie nicht schon allein deswegen Ihre Aufgaben nicht bearbeiten wollen, weil Sie sich unwohl fühlen. Werden Sie kreativ.

Bekommen Sie schnell kalte Füße und wollen sich deswegen einen weichen Teppich unterlegen? Mögen Sie bestimmte Gerüche und denken Sie deswegen an eine Duftkerze? Ihnen sind keine Grenzen gesetzt. Auch ist es förderlich, etwas von Ihrem persönlichen Energiepäckchen als **Inspiration** im visuellen Feld zu haben. Das kann beispielsweise über eine Fotowand geschehen.

Des Weiteren sollten Sie alles, was Sie benötigen, in **greifbarer Nähe** haben, damit Sie Ihren Arbeitsfluss so wenig wie möglich unterbrechen müssen. Das schließt folglich nicht nur Ihren Planer, Bücher, Notizen und Schreibutensilien mit ein, sondern es sollte auch an etwas zu trinken, eventuell einen kleinen Snack oder beispielsweise Taschentücher gedacht werden, wenn gerade Frühling ist und Sie unter Heuschnupfen leiden. Außerdem gehört dazu auch eine Art von **Übersicht** über die Dinge, die Sie angehen wollen – sei es ein Planer, ein großer Kalender oder eine To-do-Liste.

Als letzten großen Punkt sollten Sie **Ablenkungen entfernen**. Entgehen Sie Unterbrechungen durch

Benachrichtigungen und Gruppenchats und legen Sie Ihr Handy beiseite. Gehen Sie – so oft, wie es geht – mit Ihren technischen Geräten in den Flugmodus. Sorgen Sie außerdem für gutes Licht, indem Sie sich entweder neben ein Fenster setzen oder aber – auch zusätzlich – eine Schreibtischlampe aufstellen.

Zum Schluss können auch Geräusche um Sie herum ablenkend sein. Experimentieren Sie mit White Noise oder auch Rauschstörung, instrumenteller oder Ambientemusik, um sich besser konzentrieren und fokussieren zu können. Falls Sie sich immer für die gleiche Begleitung entscheiden, kann das den zusätzlichen Vorteil mit sich bringen, dass die Musik für Sie als Trigger zur Arbeitsphase funktioniert. Nur von besonders textlastiger Musik oder solcher, die Sie zur Bewegung anregt, sollten Sie die Finger lassen und sie sich für Ihre Pausen aufheben. Probieren Sie sich aus!

Langes Sitzen tut Menschen und Ihrer Konzentration nicht gut. Achten Sie somit auch darauf, Ihren Arbeitsplatz möglichst **ergonomisch** einzurichten. Stellen Sie hierzu zunächst Ihren Stuhl ein. Im aufrechten Sitz sollten Ihre Unterarme gerade auf der Tischplatte aufliegen, ohne dass zu viel Gewicht auf ihnen ruht. Dort, wo somit Ihre Hände automatisch landen, sollten Sie Maus und Tastatur platzieren. Sind Ihre Knie jetzt in einem Winkel mit mehr als 90 Grad gebeugt, dann helfen Sie mit einer Fußbank, einem Stapel Papier oder Büchern aus, damit Sie stabil sitzen können.

Danach geht es um Ihren Monitor. Dieser sollte sich eine Armlänge entfernt zu Ihrem Körper befinden, sodass Sie ohne Anstrengung lesen können, was auf dem Bildschirm steht. Außerdem sollte sich die Oberkante des Bildschirms auf Höhe Ihrer Augen befinden. Auch hier können wieder unterschiedliche Gegenstände genutzt werden, um dies zu bewerkstelligen. Es gibt spezielle Laptop-Erhöhungen, unter denen sich die unbedingt angeratene externe Maus und Tastatur praktisch verstauen lässt, falls das Gerät mal nicht genutzt wird, aber auf seinem Platz bleiben soll.

Arbeiten Sie an zwei Monitoren und einer der beiden ist der Hauptmonitor, stellen Sie diesen direkt vor sich. Werden beide gleichermaßen genutzt, so sollten sie direkt vor Ihnen aneinander anschließen und leicht schräg platziert werden.

Zu guter Letzt sollte auch eine gewisse **Ordnung in Ihrem digitalen Arbeitsbereich** herrschen.

Achten Sie darauf, Ihren Desktop so leer wie möglich zu halten. Legen Sie sich eine logische Ordnerstruktur an und bleiben Sie dabei. Das schließt auch die genaue Benennung von Dateien mit ein. Ordnen

Sie alle Programme, Ordner und Dateien, die Sie nicht unbedingt auf Ihrem Startbildschirm brauchen, dieser Strukturierung unter. Versuchen Sie des Weiteren, einmal wöchentlich Ihren Downloads-Ordner aufzuräumen, den Papierkorb zu leeren und den Eingang Ihres E-Mail-Postfachs durchzusehen. Auch sollten Sie alle Newsletter und Werbung deabonnieren, die Sie nicht mehr brauchen.

Außerdem ist es ratsam, regelmäßig Ihre Festplatte zu sichern – entweder in einer Cloud oder auf einer externen Festplatte. Auch hier ist einmal wöchentlich ein guter Rhythmus. Schließlich bleibt noch, etwa einmal monatlich die Lesezeichen Ihres Browsers durchzugehen und auch hier unnötige auszusortieren.

Aufgeräumter Kopf

Ein ordentlicher Arbeitsplatz ist wohl eins der ersten Dinge, die Struktur geben.

Allerdings ist es fast noch wesentlicher, dass Sie für sich wissen, wo genau Sie hinwollen und wie der Weg dorthin aussehen soll. Deswegen beschäftigt sich der folgende Abschnitt nun mit der systematischen Vorbereitung Ihrer Aufgaben. Dabei ist zu beachten, was im Vorhergehenden festgestellt wurde: Pläne und Abläufe sollen nicht nur manchmal oder auch für ein paar Tage funktionieren. Wonach Sie suchen, ist ein für Sie passender Ablauf, der Gewohnheiten schafft. Probieren Sie demnach folgende Tipps aus und analysieren Sie, was für Sie funktioniert und an welchen Stellen Sie gegebenenfalls etwas verändern wollen.

Insgesamt hilft Ihnen also Beständigkeit und Regelmäßigkeit. Beides kann vor allem dadurch erreicht werden, dass man den **Überblick** darüber behält, was zu tun ist. Dafür können Planer, Notizhefte, Kalender oder Klebezettel sorgen. Arbeits- und Lernpläne, Mindmaps oder Listen bieten eine gute Möglichkeit der Übersicht. Versuchen Sie außerdem, **Wiederholungen** passend in Ihrem Alltag einzuplanen. Diese werden es Ihnen leichter machen, sich Ihren Aufgaben zu stellen. Wie diese ausfallen können, wird nun erläutert.

Der realistische Arbeitsplan

Auf der Suche nach Gewohnheiten und Routinen, über die nicht nachgedacht und entschieden werden muss, führt der Weg kaum um einen Arbeitsplan herum. Hierbei sollte zunächst eine Übersicht über die Woche angelegt werden.

Als Erstes werden darin alle festen Termine notiert: Lehrveranstaltungen, Freizeitaktivitäten oder Putzdienste in der WG. Auch Besonderheiten wie Arztbesuche oder die Geburtstagsfeier des besten

Freundes gehören mit hinein – im Prinzip alles, was nicht verhandelbar ist. Wenn damit der Wochenplan schon vollkommen ausgeschöpft ist, muss leider etwas an Terminen weichen. Wenn das für jede Woche der Fall sein sollte, ergibt es Sinn, zu überlegen, ob weniger Module belegt werden sollten.

Stehen diese Blöcke erst mal, so sollte an Ruhezeiten gedacht werden. Damit sind sowohl kleine Pausen am Tag als auch – wenn möglich – ein bis zwei Tage in der Woche gemeint, an denen sich überhaupt nicht mit der Universität und Lernstoff beschäftigt wird. Zu guter Letzt werden Phasen fürs Selbststudium und Pufferzeiten, falls mal etwas länger dauern sollte oder mehr Zeit benötigt wird, wenn es an die Prüfungen geht, eingebaut. Diese Pufferzeiten können auch zu Freizeit werden, falls schon alles erledigt ist.

Bei der Einteilung der Arbeitsblöcke ist es notwendig, sich dessen bewusst zu sein, wann am Tag persönliche Produktivitätsphasen liegen und wie lang diese andauern können. Niemandem ist geholfen, wenn Sie vorbildlich morgens um sieben beginnen, Texte zu lesen, wenn Sie dann schon vor dem Mittag so kaputt und ermüdet sind, dass Sie den Rest des Tages nichts anderes mehr schaffen.

Genauso ist das mit der Arbeitslänge. Es ist

demzufolge sinnvoll, sich selbst Arbeitsanfangs- und -endzeiten zu setzen und das Studium somit wie einen Beruf zu behandeln. Beobachten Sie sich und schätzen Sie realistisch ein, wie Ihr Energiehaushalt funktioniert – und sollten Sie nach ein paar Wochen bemerken, dass der neue Rhythmus Ihnen doch nicht ganz zusagt, so können Sie ihn immer noch umstellen oder anpassen. Gehen Sie schrittweise vor.

Da nun feststeht, wann Ihre Blöcke für das Selbststudium sind, geht es nun daran, den Inhalt dieser eigenverantwortlichen Arbeitsphasen zu planen.

Ein Großblock sollte in mehrere kleine Einheiten von etwa einer halben Stunde mit Pausen dazwischen unterteilt sein. Das fördert auf Dauer die Konzentrationsfähigkeit. Zudem sollten sich die Einheiten möglichst durch ihren Inhalt und Art und Weise der Arbeit abwechseln, damit keine Langeweile aufkommt. Gehen Sie deswegen so vor, dass Sie die sogenannte SMART-Denkweise nutzen[1]. Stellen Sie sich bei der Planung der Einheiten folgende Fragen, damit Sie genau wissen, womit Sie sich beschäftigen wollen:

Vgl. Charles Duhigg: Smarter, schneller, besser. Warum manche Menschen so viel erledigen – und andere nicht. München: Redline Verlag 2017, S. 128 ff.

• Was genau möchte ich erledigen? Wo werde ich daran arbeiten? Wie werde ich anfangen? Welche Materialien werde ich benötigen?

• Wie werde ich wissen, wann ich fertig bin, z. B., weil ich alles verstanden habe? Gibt es Möglichkeiten wie Übungen, Tests, Abfragen durch eine*n Kommiliton*in oder? Kann ich das Gelernte jemandem erklären?

• Bin ich wirklich bereit, in der mir vorgenommenen Zeit auch zu arbeiten, oder ist etwas anderes zu dem Zeitpunkt wichtiger? Werde ich meine Unlust etwas zu tun davon schieben?

• Wie viel Zeit brauche ich realistisch, um meine Aufgaben zu bearbeiten? Wird die vorgenommene Zeit reichen? Ist es für mich sinnvoll, zu dieser Tageszeit zu arbeiten?

• Wie ist der Block zeitlich aufgeteilt? Wann beginnt er? Wann endet er? Wann werden Pausen sein?

Die perfekte To-do-Liste

Verwoben mit dem Aufbau eines Arbeitsplans und der konkreten Planung einzelner Einheiten ist natürlich die Frage, was überhaupt zu tun ist. Dabei hilft der Haufen an Notizzetteln nicht, auf denen irgendwann mal stichwortartig Aufgaben aufgeschrieben worden, von denen jetzt bei gut der Hälfte schon gar nicht mehr klar ist, was gemeint war. Besser ist es, eine große **Gesamtliste aufzuschreiben**, auf der auch wirklich alles steht, was so zu tun ist – ob das die eine Übung ist, die noch einmal durchdacht werden sollte, das Nachschlagen von einem Terminus, den der Dozent nie erklärt, der Anruf beim BAföG-Amt oder das Anschauen der Serie ist, die einem jetzt schon zum hundertsten Mal empfohlen wurde: Alles darf notiert werden. Auch die Form kann von Stichpunkten bis zur Mindmap reichen, unterschiedliche farbliche Markierungen und Unterstreichungen haben oder nicht. Wenn es nicht schon beim ersten Schreiben geschehen ist, so sollten alle Großziele in **Kleinaufgaben** unterteilt werden, damit sichtbar wird, welche Schritte sich tatsächlich hinter den Punkten verstecken.

Diese Gesamtliste und ihre Aufgabenpunkte können dann genutzt werden, um den jeweiligen **Wochenplan zu konkretisieren**. Hierfür ist es hilfreich, sich beispielsweise drei Punkte auszusuchen, die die höchste **Priorität** haben, und diese zu kennzeichnen. Was muss unbedingt diese Woche fertig gemacht werden und kann nicht bis nächste Woche warten? Was braucht am meisten Energie und sollte deswegen als Erstes erledigt werden?

Welche Aufgaben haben einen hohen persönlichen Wert, weil beispielsweise andere Personen auch von ihrer Erledigung abhängen? Auf diesen drei Aktionen sollte dann der Fokus liegen. Nun sollte die Gesamtliste **regelmäßig beurteilt und aktualisiert** werden – auch das kann als fester Termin in den Wochenplan eingearbeitet werden. Das ist eine gute Gelegenheit, sich selbst für die Dinge auf die Schulter zu klopfen, die man erledigt hat, und sich zu fragen, wieso anderes immer auf der Strecke bleibt. Ist da dieser eine Punkt, der nie eine hohe Priorität hat?

Vielleicht ist es am Ende gar nicht so relevant und kann auch wieder gestrichen werden? Wollte man seit Wochen diese E-Mail an seine Professorin schreiben, wusste aber nie richtig, wie man sie formulieren soll, und hat sich deswegen nicht getraut? Für Probleme wie dieses bietet es sich an, sich entweder Unterstützung bei der Durchführung zu holen – schließlich wird die Professorin am Ende nicht wissen, ob die E-Mail noch von einem Freund Korrektur gelesen wurde – oder aber, man plant sich das Ganze gleich für den nächsten Tag mit der höchsten Priorität fest ein – oder auch beides zusammen.

Die stressfreie Prüfungsvorbereitung

Eine solche Gesamtliste mit Teilzielen lässt sich auch

wunderbar für die Prüfungsvorbereitung nutzen. Sobald der Prüfungstermin bekannt gegeben worden ist, sollte die Prüfungsvorbereitung auch schon beginnen – zumindest langsam. Der Termin kann in den Planer notiert und davon ausgehend **rückwärts geplant** werden. Dabei sollte die Lern-Deadline großzügig gesetzt werden, um genug Puffer zu haben, falls mal etwas wie eine Woche, in der man vor Erkältung nicht aus dem Bett gekommen ist, dazwischenkommt.

Dann sollte so bald wie möglich geklärt werden, was überhaupt zum **prüfungsrelevanten Stoff** gehört. Hierbei hilft auch der Besuch der Sprechstunde des Dozenten. Außerdem ist es sinnvoll zu wissen, auf welche Art später das Wissen abgefragt werden wird. Müssen kurze Fragen beantwortet werden? Gibt es Auswahlfragen? Wird ein Aufsatz geschrieben? Müssen Beweise geführt werden? All das kann und sollte beeinflussen, wie Sie sich genau auf die Prüfung vorbereiten.

Um den genauen Lernplan zu erstellen, sollten Sie sich eine **Übersicht über alle relevanten Themenblöcke** machen. Diese beinhaltet die groben Themen, Namen von zentralen Konzepten und teilweise auch schon Kernfakten und -formeln, die Sie brauchen. Wenn Sie Glück haben, werden Tutorien angeboten, in welchen Sie sich so einen Überblick anfertigen können oder er ist schon Teil des Lehrmaterials. Falls nicht, können Sie ihn sich entweder selbst anhand Ihrer Notizen bauen oder im Internet und Büchern danach recherchieren.

Besonders bei Grundlagenmodulen ist die Wahrscheinlichkeit relativ hoch, dass in unterschiedlichen Universitäten und Veranstaltungen dieselben Themen behandelt werden, sodass Sie die Übersicht als Grundlage für Ihre eigene nutzen und anpassen können.

Überlegen Sie sich, welche **Teilschritte** notwendig sind, um die relevanten Themen für die entsprechende Prüfung und ihre Art der Abfrage aufzubereiten. Müssen Sie Ihre Mitschriften noch einmal überarbeiten und ordnen? Sollen Sie ein Sekundärwerk durcharbeiten? Müssen zusätzliche Notizen gemacht werden? Wie wollen Sie den Stoff wiederholen? Gibt es Übungsaufgaben? Gibt es Probeklausuren? Besteht die Möglichkeit zur gemeinsamen Korrektur oder dem Durchsprechen in einem Tutorium oder unter Kommiliton*innen?

Machen Sie sich zum Schluss einen **Lernplan** aus Ihrem Themenüberblick. Legen Sie jeweils ein Ziel der Woche fest, welches für Sie oberste Priorität hat. Wechseln Sie möglichst leichte und schwere Themen ab und legen Sie fest, ab wann Sie welche Themen wirklich intensiv lernen wollen. Beachten Sie Ihren Lernplan und kontrollieren Sie täglich, wie Ihr aktueller Stand ist, damit der Plan eventuell angepasst werden kann.

ZU VIEL ZU MERKEN

Sie sind motiviert, Sie haben sich eine Routine zurechtgelegt und einen Arbeitsplatz eingerichtet. Und was jetzt? Was genau kann getan werden, um Ihnen mehr Erfolg für Ihr Studium zu verschaffen? In diesem Kapitel werden Sie lernen, wie Sie die Arbeit in den Lehrveranstaltungen und beim selbstständigen Nachbereiten effektiver gestalten können, sodass Sie bald weniger Probleme in Ihrem Universitätsalltag und bei der Prüfungsvorbereitung haben werden.

Von der Lehrveranstaltung ...

Beginnen wir mit Vorlesungen, Seminaren und Übungen: Zwölf Jahre fester Stundenplan und Frontalunterricht, gewöhnen daran, die Lehr-Lern-Situation eher als notwendiges Übel vor der Freizeit am Nachmittag zu sehen.

Ein paar Inhalte können wohl ganz interessant sein, aber alles in allem wird eher passiv abgewartet, bis es wieder nach Hause zu schöneren Beschäftigungen geht. Vielleicht machen Sie noch ein paar Aufgaben zu Hause und Wiederholen kommt dann ein oder zwei Tage vor der Prüfung.

So kann es – leider – nicht in der Uni weitergehen. Betrachten Sie Ihr Studium als das, was es ist: Ihre Hauptbeschäftigung. Das **Studium sollte wie Ihr Beruf behandelt** werden, denn nur so messen Sie ihm, und damit auch sich selbst, genug Relevanz bei. Sie müssen es nicht übertreiben und gleich von einer 40-Stunden-Woche ausgehen oder sich noch mehr abverlangen, allerdings sollte Ihnen klar werden, dass Sie eher früher als später fachlich nicht mehr mitkommen werden können, wenn Sie es bei ein paar Stunden verbalen Berieselns in der Woche belassen – und Sie haben sich doch nicht grundlos für Ihren Studiengang entschieden! Also nehmen Sie ihn und die damit verbundenen notwendigen Schritte ernst und an. Lernen Sie, notwendige und sinnvolle Entscheidungen zu treffen und auch manchmal Unlust oder lustigere Aktivitäten zurückzustellen.

Dazu gehört zunächst, dass Sie Ihre **Aufmerksamkeit und Aktivität in den Lehrveranstaltungen erhöhen**. Ein simpler Trick hierbei ist es, sich möglichst weit vor und ins visuelle Feld des/der

Dozent*in zu setzen. Es klingt zu simpel, um wahr zu sein, jedoch ist es somit auffälliger, falls Sie sich etwas wie dem letzten Gruppenchat zuwenden.

Auch ohne Aufforderung werden Sie solchen Ablenkungsmöglichkeiten dadurch entgehen können. Darüber hinaus können Dozent*innen besser mit Ihnen interagieren, sodass Sie allein schon durch ein paar Blicke, die Sie in das Gesagte einschließen, aktiver mitmachen werden. Übrigens: Eine Alternative für Online-Veranstaltungen von zu Hause aus wäre, Ihre Kamera dauerhaft anzuschalten. Dadurch entsteht ein besseres soziales Klima und auf Dozierendenseite ist anhand Ihrer Reaktionen schneller bemerkbar, ob Sie etwas nicht verstanden haben oder etwas anmerken wollen. So kommen außerdem viel flüssigere Gespräche zustande.

Damit geht einher, dass Sie Ihre **Lehrpersonen in einem gewissen Maß kennenlernen**. Dabei geht es nicht darum, dass Sie ihnen überall hinterherlaufen sollen, nein. Jedoch ist es förderlich, immerhin irgendeine Beziehung zu haben. Wenn der/die Dozent*in Sie kennt, werden Sie sich automatisch mehr Mühe geben, da dann eine bestimmte Erwartungshaltung entsteht, der Sie entsprechen wollen.

Sie werden das Gefühl ablegen, nichts mit der

Person vor Ihnen zu tun zu haben, und die Lehrveranstaltung und Ihr Verhalten um sie herum werden für Sie zu einer Sache werden, die Sie persönlich betrifft. Auf fachlicher Ebene ist es außerdem ratsam, kurz nachzusehen, womit sich Ihre Dozierenden hauptsächlich beschäftigen.

Achten Sie während der Lehrveranstaltung nicht nur auf die genannten Informationen, sondern auch darauf, bei welchen Punkten Ihre Dozierenden sich länger aufhalten, welche Begriffe sie wiederholen oder welche Worte sie besonders betonen – kurzum: Dekodieren und analysieren Sie Verhalten und Gesagtes. Am besten überlegen Sie sich dazu auch ein kleines Zeichensystem, womit Sie besonders Wichtiges in Ihren Aufzeichnungen markieren und hervorheben. Dadurch erreichen Sie bald ein deutlich besseres Verständnis, auf welche Inhalte in welcher Art Wert gelegt wird, und Sie können sich somit deutlich angepasster auf die jeweilige Prüfung vorbereiten. Dazu noch ein letzter Tipp: Notieren Sie sich auf dem Rand Ihrer Mitschriften alle konkreten Fragen und kurzen Übungen, die gestellt oder durchgesprochen werden. Das zeigt Ihnen, welchen Fragestil der/die Dozent*in pflegt, damit Sie sich darauf einstellen können. Außerdem können Sie sich aus den gesammelten Fragen auch ganz problemlos eine eigene Probeklausur erstellen, welche Ihnen bei der Prüfungsvorbereitung hilft.

Knüpfen Sie **Kontakte zu Kommiliton*innen**. Dies klingt erst einmal widersprüchlich: Wie soll ich mich besser konzentrieren, wenn ich quatschend mit meinen Freunden in der Lehrveranstaltung sitze? Aber hierbei geht es vor allem um Ihr Leben, das außerhalb der Seminare und Vorlesungen stattfindet. Natürlich macht das Studieren auch mehr Spaß, wenn man weiß, dass man seine Freunde treffen wird, allerdings können Sie weitere Vorteile daraus ziehen, wenn Sie sich ein Netzwerk von Menschen schaffen, die sich auch tagtäglich mit den gleichen oder ähnlichen Inhalten wie Sie beschäftigen. So eine Gruppe – oder auch nur ein paar Personen – kann sich gegenseitig unterstützen, indem sie sich zusammen zum Lernen oder Arbeiten trifft.

Außerdem haben Sie dann Menschen, an die Sie sich wenden können, wenn Sie Hilfe brauchen. Ihnen fällt es schwer, für eine bestimmte Vorlesung zu lernen, ein bestimmtes Konzept zu verstehen oder überhaupt eine geeignete Struktur für Ihren Studienalltag zu finden? Sprechen Sie darüber.

Die Wahrscheinlichkeit ist groß, dass andere Ihre Probleme selbst kennengelernt haben und Sie gemeinsam Lösungen finden können. Sie wissen nicht, wie ein spezieller Ablauf in der Universität aussieht oder brauchen möglichst schnell Sekundärliteratur zu einem gewissen Thema?

Vielleicht hat eine/r Ihrer Kommiliton*innen sich schon einmal damit beschäftigt! Zu guter Letzt ist so ein Netzwerk auch eine gute Möglichkeit, um gegenseitig auf sich aufzupassen, zu kontrollieren und aufzubauen. Wenn Sie wissen, dass Ihre Freunde gerade auch für diese eine Prüfung lernen, werden Sie ein deutlich höheres Verantwortungsgefühl entwickeln, als Teil der Gruppe dem nicht im Weg zu stehen und mitzuziehen. Übrigens: So eine Gruppe muss sich nicht unbedingt jeden Tag in der Mensa oder dem Hörsaal treffen. Suchen Sie auch online nach Gruppen in sozialen Netzwerken, die einen ähnlichen Alltag haben wie Sie und Ihr Interesse für Ihr Studienfach teilen.

Mitschriften gestalten

Sie sitzen in einer der ersten Reihen der Lehrveranstaltung, haben Ihre Freunde, mit denen Sie danach den Stoff durchsprechen werden, neben sich, Sie hören der Dozentin aktiv zu – aber wie schreiben Sie mit? Hierbei gibt es natürlich verschiedene Methoden: von digital bis handschriftlich; von kargen Stichpunkten über symbolische Zeichnungen bis hin zu ausführlichen Sätzen. Natürlich sollten Sie auch hier beobachten und analysieren, welches der passende Stil für Sie und die jeweilige Veranstaltung ist. Dennoch gibt es einige Punkte, die immer hilfreich sind.

Auch, wenn es veraltet klingt: **Schreiben Sie mit Hand.** Der physische Vorgang hilft Ihnen und Ihrem Gehirn dabei, aktiver mit den Informationen zu interagieren und sie sich letztendlich zu merken. Zusätzlich hat das Handschriftliche den Vorteil, dass Sie gleich umformulieren, ergänzen und freier mit Ihren Notizen umgehen können.

Eigene Kurzzeichen, Randnotizen oder Bildchen lassen sich schwer simultan zur Lehrveranstaltung in ein digitales Dokument einfügen, sodass Sie diese zum Merken hilfreichen Interaktionen mit dem Stoff komplett negieren werden. Wenn sich alles in Ihnen dagegen sträubt, hauptsächlich mit Zettel und Stift zu arbeiten, dann legen Sie sich wenigstens ein Blatt zurecht, auf dem Sie kurz Ihre Gedanken, Fragen oder relevante Begriffe der behandelten Themen festhalten.

Halten Sie von Anfang an Ihre **Mitschriften so, dass diese die Grundlage Ihrer Prüfungsvorbereitung bilden.** Sie sollten nicht nur festhalten, was gesagt wurde. Das bedeutet: überlegen Sie sich vorher ein

Überschriften- und Markierungssystem. Wollen Sie durchnummerieren, nach Farben sortieren, unterschiedliche Unterstreichungen nutzen? Auch ein kleiner Zeichenvorrat kann sehr hilfreich sein. So können Sie einheitlich und übersichtlich markieren, welche Notizen etwa Beispiele, Terminologien oder zentrale Konzepte beinhalten. Diese Punkte sollten auf jeden Fall auf eine bestimmte Art hervorgehoben werden – entweder direkt während der Lehrveranstaltung oder beim Überarbeiten Ihrer Notizen.

Möglich ist es auch, die erste Seite Ihrer Aufzeichnungen als **Inhaltsverzeichnis** zu gestalten. Hier können Sie fortlaufend eintragen, wie die Themen untereinander geordnet sind und wo sie sich wiederfinden lassen. Seitenzahlen sind dabei förderlich, aber nicht unbedingt notwendig.

Machen Sie Randnotizen, wie bereits beschrieben. Folgen Sie der Lehrveranstaltung aufmerksam und notieren Sie sich beispielsweise, wenn etwas besonders betont wird. Mit einer hohen Wahrscheinlichkeit handelt es sich um einen basalen Begriff, eine wesentliche Formel, ein wichtiges Thema oder ein relevantes Konzept. Auch die Fragen des Lehrpersonals sollten Sie festhalten. Machen Sie sich auch Vermerke dort, wo Sie etwas nicht verstanden haben. Diese

Nachfragen können Sie dann deutlich leichter nach der Sitzung oder in der Sprechstunde stellen, als wenn Sie sich erst daran erinnern müssen oder Ihnen nur kurz vor der Prüfung einfällt, dass es bei einem Thema noch Unklarheiten gab.

Die vorangegangenen Hervorhebungen und Randnotizen können Sie letztendlich hervorragend für Ihre Prüfungsvorbereitung nutzen. Legen Sie sich eine **kleine Lernübersicht oder -heft** an. Arbeiten Sie während des Semesters an einem stichpunktartigen Überblick zur entsprechenden Lehrveranstaltung. Dieser kann auch nur aus den strukturierten Überschriften der Sitzungen bestehen. Auch zentrale Terminologien oder Fakten können Sie ergänzen. Bearbeiten Sie diese Übersicht so, dass sie Ihr Leitfaden zur Planung der Prüfungsvorbereitung wird.

... zum Selbststudium

Die Sitzung ist vorbei. Wie geht es nun in der Zeit weiter, über die Sie selbst verfügen können?

Effiziente Gewohnheiten schaffen

Wenn Sie sich eines mitnehmen sollten, dann das: Bauen Sie sich eine gute Routine zusammen. Hier sind allgemeine und tägliche Handlungen, die Sie tun können, um Ihr Studium erfolgreicher zu gestalten. Einige der Dinge könnten Ihnen aus dem, was wir vorher behandelt haben, bekannt vorkommen. Hier sind sie teilweise noch einmal zusammengefasst.

Zu allgemeinen Aktivitäten gehört zunächst Ihre Beziehung zum Thema Studium. Arbeiten Sie lieber **beständig** als mit Schnelllösungen, die Sie auf Dauer nur mehr Energie verbrauchen lassen.

Bleiben Sie **organisiert**. Schaffen Sie sich ein Umfeld, was Sie beispielsweise zum Lernen motiviert, indem Sie Kommiliton*innen oder Freund*innen in Ihre Ziele und Wege dahin einbeziehen.

Das kreiert eine Art **soziale Verantwortlichkeit**, bei der Sie nicht mehr ausschließlich auf sich selbst gestellt sind. In diesen Gruppen kann der **Lernstoff auch wunderbar analysiert** und durchdacht werden. Wenn Sie Spaß am Inhalt entwickeln, wird es Ihnen auch viel leichter fallen, sich an diesen zu erinnern. Setzten Sie sich **aktiv mit dem neuen Wissen auseinander**, indem Sie gegebenenfalls zu bestimmten Konzepten eigenständig in verschiedenen Medien recherchieren. Sie werden erstaunt sein, was es an Grafiken und Erklärvideos allein frei zugänglich im Internet zu finden gibt. Das macht die Inhalte für Sie auch zugänglicher, leichter verständlich und mühelos zu merken. Zusätzlich sollten Sie darauf achten, sich

selbst fit zu halten. Regelmäßiger Sport hilft, wacher und aktiver zu bleiben, aber auch leichte Bewegung wie Spaziergänge erhöhen die Konzentration und Merkfähigkeit. Gehen Sie doch das nächste Mal, wenn Ihnen der Kopf raucht, einfach zehn Minuten vor die Tür und setzten Sie sich danach erfrischt wieder an die Arbeit.

Darüber hinaus ist es sinnvoll, auch Ihr Gehirn zu trainieren und nicht nur für Stoff aus den Lehrveranstaltungen zu nutzen. Suchen Sie nach sanfter Stimulation in Ihrer Freizeit, ob das nun Sudokus, Bücher oder etwas anderes ist. Jedoch auch Pausen sind notwendig. Sorgen Sie am Ende des Tages für ungestörten, gesunden Schlaf. Feste Ruhe- und Traumzeiten erleichtern Ihnen zum einen den routinierten Alltag und machen Sie zum anderen auf lange Sicht leistungsfähiger.

Wenn es konkret an das Lernen und Wiederholen von Inhalten geht, so ist es erheblich, sich das **neue Wissen in den ersten 24 Stunden**, nachdem Sie es behandelt haben, erneut durch den Kopf gehen zu lassen. Das kann ganz unterschiedliche Formen annehmen. Sie können beispielsweise mit Freunden darüber reden, sich noch einmal Ihre Mitschriften durchlesen oder bereits Punkte auf Ihre Lernübersicht übertragen. Es liegt ganz bei Ihnen. Die Hauptsache ist, dass Sie den Lernstoff wiederholen, solange die Erinnerung an die Sitzung frisch ist. Versuchen Sie, auch **kontextabhängig zu lernen.**

Das heißt, dass Sie sich bestimmte Auslöser für den aufmerksamen Wissenserwerb schaffen. Visuell kann das beispielsweise so aussehen, dass Sie sich Ihre Lernumgebung immer ähnlich gestalten, indem Sie etwa Ihre Schreibunterlagen und sonstigen Materialien immer gleich auf Ihrem Sitzplatz anordnen.

Diesen Aufbau können Sie nach Belieben auch je nach Lehrveranstaltung verändern und dann zu Hause wiederholen, wenn Sie sich mit den jeweiligen Sitzungen beschäftigen.

Zusätzlich sollten Sie das erworbene **Wissen an unterschiedlichen Orten wiederholen.** Dies klingt erst einmal widersprüchlich zu dem vorhergegangenen Punkt, dreht sich jedoch darum, dass in unterschiedlichen Situationen auf unterschiedliche Arten an den Lernstoff erinnert wird. Dadurch wird Ihr Gehirn die Inhalte nicht einfach nur mit dem schnöden Sitzen in einem Hörsaal assoziieren, sondern verinnerlichen, dass Sie mit ihnen interagieren wollen. Das häufige Benutzen des Wissens bedeutet für Sie, dass dieses als relevant besser gespeichert und schneller abrufbar bleiben wird. Achten Sie nur auch darauf, sich Ruhezeiten zu gönnen! Arbeiten Sie stetig an Ihrer **Lern-Über-sicht** und überprüfen Sie zusammen mit Ihrem **Prü-fungsvorbereitungsplan**, wo Sie stehen und was noch zu tun ist – und das nicht erst in der Woche vor der Prüfung, sondern stringent während des Semesters.

Wenn es an konkrete Prüfungsvorbereitung geht, dann gestalten Sie auch diese so aktiv wie möglich. **Üben Sie die Abfragesituation**, indem Sie so viele Probeklausuren machen, wie möglich. Schreiben Sie sich Ihre eigenen Tests, wenn es notwendig ist. Denken Sie behandelte Probleme noch einmal durch und kontrollieren Sie, ob Sie zu den gleichen Ergebnissen gelangen. Lassen Sie sich von Mitmenschen spezifische Fragen zum Lernstoff stellen und sehen Sie, inwiefern Sie Konzepte frei und schlüssig erklären können. Kurzum: Setzen Sie sich Prüfungen und möglichen Fehlern vor dem alles entscheidendem Termin aus.

Rituale, die Sie täglich tun können, sind:

• Die **kommenden zwei Monate in Ihren Planer durchzublättern**. Damit haben Sie wichtige Termine oder Ziele immer vor sich und gehen sicher, nichts zu verpassen oder zu spät zu bemerken, dass eine bestimmte Deadline doch schon deutlich näher gerückt ist, als Sie dachten.

- Die **Mitschriften aus den tagesaktuellen Lehrveranstaltungen durchzulesen.** Hierbei können Sie sich schon erste Fragen stellen, Wesentliches markieren oder Punkte in Ihre Lernübersicht übernehmen.

- Die **Mitschriften organisieren und strukturieren.** Sammeln sich schon wieder mehrere halb beschriebene Blätter in Ihrem Block? Nehmen Sie sich täglich fünf Minuten, um Ihr Material abzuheften und sauber und ordentlich zu halten, damit es zu Beginn Ihrer Prüfungsvorbereitung vorbereitet ist.

- Den **Lernstoff aktiv zu bearbeiten.** Machen Sie Übungen. Markieren Sie farblich. Ergänzen Sie Notizen. Betreiben Sie aktives Lesen. Stellen Sie Fragen. Im Abschnitt *Lernen, zu lernen* werden einige der Techniken, die Sie nutzen können, noch eingehender beleuchtet werden.

Arbeitsphasen optimieren

Um Ihre Arbeitsblöcke effizient aufzubauen, suchen Sie sich einen oder mehrere feste **Arbeitsplätze, die nur der Arbeit dienen.** Ihr Bett oder das Sofa werden mit Entspannung und Freizeitaktivitäten assoziiert, vermeiden Sie folglich solche Orte, wo normalerweise etwas anderes passiert. Wie oben beschrieben, können

Sie Ihr Material auf eine bestimmte Art und Weise anordnen, um Arbeits-Trigger zu schaffen.

Außerdem sollten Sie sich einen gewissen Aktivitäts-Pausen-Rhythmus festlegen. Dafür können Sie die **Pomodoro-Technik** nutzen. Im Vorangegangenen wurden häufiger Arbeitsphasen von etwa einer halben Stunde erwähnt. Das liegt daran, dass das ungefähr die Dauer ist, über die hinweg sich Menschen gut konzentrieren können. Danach nimmt ihre Energie drastisch ab und sie sind viel leichter ablenkbar.

Werden Arbeitsphasen demnach zu lang, so werden Sie immer unproduktiver, je länger Sie an einer Aufgabe sitzen. Nur ist zusätzlich auch das Problem, dass selbst, wenn Sie dann eine Pause machen, Sie auf einem niedrigeren Energielevel wieder einsteigen als ganz zu Beginn des Blocks. Mit der Pomodoro-Methode machen Sie immer genau dann eine Pause, wenn Ihre Konzentration nachlässt, und behalten somit Ihren Energiehaushalt größtenteils auf dem gleichen Stand. Arbeiten Sie immer 25 Minuten am Stück und machen Sie dann eine 5-minütige Pause. In dieser Erholungsphase sollten Sie sich vom Arbeitsplatz wegbewegen und entspannen können. Diese Einheit wiederholen Sie viermal, sodass Sie am Ende zwei Stunden gearbeitet haben.

Nach diesen zwei Stunden haben Sie sich eine längere Pause verdient. Überlegen Sie sich dafür vielleicht eine kleine Belohnung wie ein Gespräch mit dem Mitbewohner, etwas Leckeres zu Essen oder ein kurzes Nickerchen.

Lernen, zu lernen

Prüfungsvorbereitung wird meist damit verbunden, Stunden um Stunden in Mitschriften, Folien und Notizen zu starren und sie immer wieder mit der Hoffnung durchzulesen, am Ende möglichst alles genau so wiedergeben zu können. Dabei gibt es viel effektivere und persönlichere Methoden, um sich Wissen anzueignen, zu verbinden und zu merken.

Beim Lernen sollten Sie immer eine **aktive Rolle einnehmen**. Lassen Sie nicht einfach nur Wörter auf sich einprasseln, sondern stellen Sie sich vorher Fragen zum Inhalt. Was genau muss verstanden und behalten werden? Dabei kann es sich im Grunde nur um zwei Arten von Informationen handeln: Fakten oder Konzepte.

Fakten müssen lediglich auswendig gelernt werden. Konzepte sind meist wichtiger zu verstehen. Dabei sollten Sie sie mit der korrekten Terminologie in Ihren eigenen Worten wiedergeben können. Brechen

Sie herunter, worum es im Grunde geht. Ordnen Sie ein, wie sich verschiedene Fakten und neue Konzepte zu dem verhalten, was Sie bereits wissen. Gibt es beispielsweise Verbindungen von Ideen? Versuchen Sie, das Wissen noch zu verfeinern und anschaulicher zu gestalten, indem Sie es mit Ihrem Alltag verbinden und nach konkreten Beispielen im realen Leben suchen, die mit dem Gelernten erklärbar sind.

Beziehen Sie **kreativ unterschiedliche Reize** ein. Benutzen Sie Bilder, Fotos oder Mindmaps. Wenn Sie eine Vorliebe für Wortmelodien haben, bilden Sie Reime oder suchen Sie nach Wörtern, die wie die Begriffe klingen, die Sie sich merken wollen. Denken Sie sich möglichst kurze, verrückte Geschichten aus der Liste an Terminologien aus, die Sie lernen wollen. Für das Lernen von Fakten bieten sich auch Eselsbrücken oder Akronyme an, bei denen Buchstaben Ihre Faktenliste oder lange Namen abkürzen. „Sieben, fünf, drei – Rom schlüpft aus dem Ei" hat jeder schon einmal in Geschichtsunterricht gehört. Komplizierte Namen wie European community action scheme for the mobility of university students kann sich deutlich leichter mit dem Kurzwort ERASMUS gemerkt werden.

Zusätzlich können **Lern-Trigger** eine gute Methode sein, um sich regelmäßig Inhalten bewusst zu werden, die schwer zu merken sind. Um zu Hause solche Trigger zu kreieren, beobachten Sie zunächst Ihr Verhalten. An welchen Orten halten Sie sich oft auf? Welche Gegenstände haben Sie häufig in der Hand? Wo schauen Sie oft hin? Überlegen Sie sich dann, welches Verhalten oder welche Informationen getriggert werden sollen.

Zum Schluss geht es darum, kreativ zu werden und die Trigger vorzubereiten. Trinken Sie morgens erst einmal einen Tee am Küchentisch und wollen Sie sich regelmäßiger Ihre Termine in den Kopf rufen? Legen Sie abends Ihren Planer direkt neben die Teetasse. Haben Sie eine Liste an Daten, die Sie für eine Vorlesung lernen müssen? Kleben Sie diese auf Augenhöhe an den Badezimmerspiegel. Bleiben Sie dran und passen Sie Ihre Trigger an, wenn Sie merken, dass diese doch nicht so funktionieren, wie Sie wollen.

Testen Sie sich selbst – egal, an welchem Punkt in Ihrer Prüfungsvorbereitung Sie stecken: je früher, desto besser. Fassen Sie zusammen, was Sie gelernt haben. Versuchen Sie, es jemandem beizubringen. Machen Sie Übungen. Nutzen Sie Karteikarten. Legen Sie Ihre Mitschriften beiseite und rufen Sie das Gelesene wieder hervor. Wenn Sie lieber schreiben, können Sie auch einfach alles unstrukturiert aufschreiben, was

Ihnen auffällt, und das dann mit Ihren Notizen abglei-
chen.

Unangenehmen Lernstoff behalten

Immer wieder gibt es Themen, auf die man so gar keine
Lust hat – das war in der Schule so, das wird im Studium nicht anders. Gehen Sie folgende Schritte, um
sich das Arbeiten mit diesem Stoff angenehmer zu machen:

• Finden Sie heraus, warum Sie das Thema nicht mögen. Liegt es am Inhalt? Liegt es daran, dass es Ihnen
vorkommt wie endlose Listen an Fakten? Sehen Sie die
Relevanz für Ihr Studium nicht? Oder stört Sie generell
die Ästhetik des Begleitmaterials der Veranstaltung?

• Formulieren Sie aus diesen Gründen Problemstellun-
gen mit möglicher Lösung, welche Sie realistisch angehen können: „Für Thema X werde ich meine Dozentin
fragen, wo es mein Studium beeinflussen kann. Für
Thema Y werde ich mich damit beschäftigen, wie ich
noch leichter Fakten lernen kann" und so weiter.

• Bleiben Sie organisiert und halten Sie Ihr Material
sauber und ordentlich. Vielleicht machen Sie es sich
besonders schön, damit es auf Sie einladender wirkt?

• Beginnen Sie behutsam damit, sich dem Thema zu

nähern. Sie müssen nicht sofort einen riesigen Arbeitsblock einschieben, innerhalb dessen Sie immer wieder diese Lehrveranstaltung durchgehen. Gehen Sie kleine Schritte. Planen Sie doch erst einmal Ihre Arbeit. Unterstreichen und markieren Sie in Ihren Mitschriften. Notieren Sie erste Fragen.

• Suchen Sie nach den Sie ansprechenden Seiten des Themas. Finden Sie Filme, die entfernt damit zu tun haben. Laden Sie sich Apps mit Lernspielen dazu herunter. Entwerfen Sie mit Freunden ein Quiz mit zentralen Begriffen.

• Machen Sie positive Erlebnisse aus der Beschäftigung mit dem Thema. Schaffen Sie sich ein ruhiges und gemütliches Umfeld oder denken Sie sich beispielsweise eine kleine Belohnung für danach aus.

• Bleiben Sie beständig. Machen Sie lieber nur ein bisschen, das dafür aber regelmäßig.

• Suchen Sie sich Hilfe. Wenn Sie absolut nicht weiterkommen, keinen Zugang und nichts Positives an dem Thema finden, wenden Sie sich an Freund*innen, Kommiliton*innen oder das Lehrpersonal. Es wird sich immer ein Weg finden lassen, mit einem Problem fertig zu werden!

ZU VIEL ZU LESEN

Sie haben sich funktionierende Routinen geschaffen, priorisierte To-do-Listen geschrieben und Ihre Arbeitsblöcke nach der Pomodoro-Methode aufgebaut und trotzdem schaffen Sie es nicht, sich effizient durch den Berg an Sekundärliteratur durchzukämpfen? Sie haben einen leseintensiven Studiengang, sodass Sie vor lauter Primärquellen noch nicht einmal an Sekundärliteratur denken können?

Oder es steht eine Hausarbeit zu einem Thema an, mit dem Sie sich bisher kaum beschäftigt haben? In diesem Teil werden Ihnen einige Techniken an die Hand gegeben, mit deren Hilfe es Ihnen möglich sein sollte, Stapel an Büchern schneller durchzuarbeiten. Hierbei wird in Lesestrategien und Lesetechniken unterschieden. Lesestrategien sind Abläufe, die vor allem das Herangehen an einen Text beschreiben. Lesetechniken betreffen die Art und Weise, wie dann der tatsächliche Leseprozess aussieht.

Lesestrategien

Egal, wie und welchem Text Sie sich nähern wollen, Sie sollten den Leseprozess immer vorbereiten. Neben einer konkreten Zeitplanung und der Textauswahl sollten Sie sich genau überlegen, an welche

Informationen Sie durch das Lesen überhaupt kommen wollen. Was ist Ihr Ziel? Wollen Sie nur eine Bibliografie für Ihre anstehende Hausarbeit zusammenstellen? Wollen Sie die wesentlichen Punkte des Textes verstehen? Oder geht es Ihnen darum, alle Einzelheiten erfasst und durchdacht zu haben? Wählen Sie dann je nach Ziel die passende Technik für Ihre Bedürfnisse aus. Arbeiten Sie die Texte durch und reflektieren Sie hinterher anhand Ihrer Notizen, ob Ihre Fragen beantwortet wurden.

Überblicklesen

Ziel dieser Lesestrategie ist, schnell durch Texte zu kommen und dabei gezielt nach Informationen suchen zu können – beispielsweise, ob sich die Monografie in Ihren Händen als Quelle für einen Aufsatz eignet. Es muss im Grunde also nur der Aufbau und grobe Inhalte erfasst werden.

Darüber hinaus sollte das Überblicklesen auch der erste Schritt sein, wenn Sie schon wissen, dass Sie etwa einen bestimmten Teil eines Buches genau durcharbeiten wollen. Überblicklesen hilft Ihnen dabei, die Fragmente in ein Informationsnetz einzuordnen. Betrachten Sie hierzu erst einmal die auffälligsten Merkmale des Textes.

Worum geht es in dem Material? Schauen Sie sich den Titel, den Autor, die Rückseite des Buches und das Inhaltsverzeichnis an. Wie ist der Text aufgebaut? Blättern Sie dann den gesamten Text durch. Wie ist er aufgebaut? Wie sieht er aus? Gibt es ein Abstract, welches dem Text vorangestellt wird und ihn kurz vorstellt? Was sind Zwischenüberschriften? Sind Grafiken oder Fotos vorhanden?

Werden relevante Punkte markiert oder in Kästchen zusammengefasst? Machen Sie sich gern kurze Notizen, ob der Text vielversprechend ist oder schon jetzt Fragen aufwirft. So können Sie später auch noch nachvollziehen, welche Texte Sie als ungeeignet bewertet haben. Schauen Sie sich den nächsten an oder bleiben Sie beim Ursprungsmaterial und arbeiten Sie es mit der passenden Lesetechnik durch.

Auszuglesen

Ohne es zu merken, haben Sie beim Überblicklesen bereits das Pareto-Prinzip angewendet. Dieses wird auch 80-20-Regel genannt und beschreibt – auf Textarbeit bezogen – dass etwa 80 Prozent des Inhalts in 20

Prozent des Textes zu finden sind[2]. So ist das Auszuglesen gewissermaßen eine Fortführung des Überblicklesens. Es eignet sich besonders dafür, Artikel zu bearbeiten, kann aber auch auf Bücher angewendet werden. Lesen Sie hierbei im ersten Schritt den ersten und den letzten Absatz des Artikels vollständig durch.

Bei längeren Veröffentlichungen, wie Monografien, würde das dem ersten und letzten Gliederungspunkt jeweils eines Kapitels entsprechen. Hier lassen sich in einer Art Einführung und Fazit bereits schon der Aufbau, die zentralen Themen und relevantesten Erkenntnisse des Textes finden.

Passt das so gar nicht zu dem, was Sie suchen, können Sie den Artikel schon an dieser Stelle zur Seite legen. Ist er jedoch geeignet, lesen Sie im zweiten Schritt den jeweils ersten Satz von jedem Absatz im Text. Hier finden Sie genauere Informationen und Schlüsselwörter. Sie können sich hierbei besonders interessante Absätze auch anstreichen.

Nun haben Sie ein ausreichendes Bild über den Text gewonnen und wissen, womit er sich größtenteils beschäftigt. Vielleicht reichen diese Informationen für

---

[2] Vgl. Werner Heister: Studieren mit Erfolg. Effizientes Lernen und Selbstmanagement in Bachelor-, Master und Diplomstudiengängen. Stuttgart: Schäffer-Peoschel Verlag 2007, S. 55.

Sie schon aus? Ansonsten können Sie entweder die markierten Absätze oder den Text in Gänze noch einmal lesen. Vorteil und Ziel dieser Strategie sind allerdings, dass Sie nicht den gesamten Text durchlesen müssen und damit enorm Zeit sparen.

Aktives Lesen

Das aktive Lesen kann schon fast als Lesetechnik gesehen werden, beschreibt aber durch seinen Fokus auf der Interaktion mit dem Text eher eine Herangehensweise an den Leseprozess. Es ist vor allem geeignet, wenn Sie Texte minutiös durcharbeiten wollen, da es Ihren Fokus und Ihre Konzentrationsfähigkeit erhöhen kann. Wie bei verschiedenen Lerntechniken geht es bei dieser Lesestrategie darum, durch eine physische Aktion mehr Sinne anzusprechen und damit Ihre Aufmerksamkeit zu steigern. Dies sind drei Methoden, mit denen Sie aktiver lesen können:

• Zusammenfassen: Lesen Sie jeweils einen Absatz. Wenn Sie diesen beendet haben, oder merken, dass Ihre Gedanken vom Text abschweifen, fassen Sie diesen Absatz direkt am Seitenrand daneben zusammen. Das kann ein Wort oder ein ganzer Stichpunkt sein.

Wichtig ist, dass Sie gleichermaßen direkt im Leseprozess mitdenken und den Text für sich aufschlüsseln. Diese Randnotizen können dann auch später als Gliederung Ihrer Mitschriften dienen, sind aber im Grunde nur dafür da, dass Sie mit dem Text interagieren können.

• Instant-Wiederholung: Auch hier geht es darum, durch das Aufschreiben aktiver zu sein. Diese Methode ist besonders dafür geeignet, Fakten auswendig zu lernen. Lesen Sie Ihre Stichpunkte oder filtern Sie die eines Textes heraus. Nehmen Sie dann einen Schmierzettel hervor und versuchen Sie, diese Art Liste wiederzugeben. Schreiben Sie alles auf, was Sie noch wissen. Das darf ruhig unordentlich aussehen. Die Hauptsache ist, dass Ihr Tastsinn durch die Bewegung einbezogen wird. Nun kontrollieren Sie mithilfe des Textes, und ergänzen Sie, woran Sie sich nicht erinnert haben. Sie können diese Übung auch gern mehrere Male hintereinander machen, um sich Fakten einzuprägen.

• Sichtbare Analyse: Diese Methode wird es Ihnen erleichtern, Texte zu durchsteigen. Sie kann für Literatur, aber auch Ihre Mitschriften oder die Folien des/der Dozent*in genutzt werden. Lesen Sie Ihr Material durch und bearbeiten Sie es währenddessen. Streichen Sie unterschiedliche Themengebiete mit korrespondierenden Farben an. Malen Sie kleine Bildchen als Alltagsbeispiele des behandelten Stoffes daneben. Überlegen Sie sich ein Zeichensystem, mit dem Sie am Seitenrand wesentliche Stellen markieren können. Hier ist Ihre Kreativität gefragt.

Lesetechniken

In diesem Abschnitt wird kurz auf drei Lesetechniken eingegangen, die Sie nutzen können, um Texte tatsächlich durchzulesen. Diese Techniken sind: das Überfliegen, die Sprungtechnik und Speedreading. Alle drei Techniken sollen Ihnen die Möglichkeit geben, nicht dadurch Zeit und Konzentration zu verlieren, indem Sie Ihr Material Wort für Wort in Ihrem Kopf laut vorlesen.

Überfliegen

Beim Überfliegen geht es im Grunde genommen darum, den Text vor dem Auge vorbeiziehen zu lassen und hervorstechende Inhalte herauszufiltern. So können Sie beispielsweise Ihren Blick über die Seite gleiten lassen und gezielt auf verschiedene Dinge wie die verwendeten Substantive lenken. Fokussieren Sie diese. Daraus wird sich schon ein Verständnis zusammensetzen. Eine andere Art, den Text zu überfliegen, ist die

Slalomtechnik. Diese ist mit der Lesestrategie des Absatzlesens verwandt. Auch hier fliegen Sie über die Zeilen, lesen aber Anfang und Ende eines jeden Absatzes genauer.

Sprungtechnik

Da sich unsere Augen sowieso von allein kaum fließend bewegen können, bietet sich die Sprungtechnik an, um effizienter zu lesen[3]. Hierbei sollen die Fokussierungen, die Sie pro Zeile benötigen, um sie aufzunehmen, möglichst gering gehalten werden.

Wählen Sie Ihren Abstand zum Text zunächst so, dass Sie mit einer Fokussierung mehrere Worte erfassen können. Dabei hilft es, den ersten Fokuspunkt nicht ganz an den Anfang der Zeile zu legen und den letzten vor dem tatsächlichen Ende der Zeile. Das Ziel ist nun, mit zwei bis drei Fixationen eine Zeile lesen zu können. Dabei können Sie sich für das Training beispielsweise mit Bleistift gerade Striche über die Seite ziehen, wenn Sie dies nicht wollen oder auch als Zusatz ist eine sogenannte Lesehilfe empfehlenswert.

---

[3] Vgl. Tony Buzan: Speed Reading. Schneller lesen, mehr verstehen, besser behalten. 6. Auflage. München: Wilhelm Goldmann Verlag 2007, S. 66ff.

Nehmen Sie sich einen dünnen, längeren Gegenstand und tippen Sie auf dem Blatt dorthin, wo Sie fokussieren wollen. So könnte unter anderem ein Essstäbchen als ganz simple Lesehilfe dienen.

Speedreading

Beim Speedreading erhöhen Sie Ihre allgemeine Lesegeschwindigkeit. Lesen Sie immer ein bisschen schneller, als Sie es von sich aus tun würden. Auch hier ist wieder die Lesehilfe nützlich, die Ihren Augen die Koordination erleichtert.

Sie ist geradezu unabdingbar. Zusätzlich dazu ist das Training mithilfe eines Metronoms unbedingt ratsam. Solche Metronome können Sie auch kostenlos und digital im Internet oder als App finden.

Gleiten Sie nun in diesem Takt mit Ihrer Lesehilfe über die Zeilen. Sie können dabei immer dann mit einer neuen Zeile beginnen, wenn das Metronom schlägt. Erhöhen Sie mit der Zeit das Tempo. Es gibt sogar eine speziellere Trainingsmethode, bei der Sie absichtlich das Metronom-Tempo deutlich höher stellen, als Sie den Text noch verstehen können. Dabei wird ein Effekt erzeugt, als würden Sie von einer Autobahn abfahren. Die Geschwindigkeit in der Stadt, die Ihnen vor der Autobahnfahrt noch schnell vorkam, erscheint plötzlich deutlich langsamer. Lesen Sie eine Weile und verlangsamen Sie das Metronom dann wieder. Sie können beispielsweise die gerade bearbeitete Textstelle noch einmal lesen. Sie werden bemerken, dass es Ihnen plötzlich viel leichter fällt, auch schnell zu lesen.

Zehn Schritte zu mehr Erfolg im Studium

Was sollten Sie unbedingt aus diesem Buch mitnehmen? Hier ist ein Plan mit zehn Punkten, der Sie zu einem ausgewogeneren Studienalltag führt.

- Betrachten Sie Ihr Studium als Ihre Arbeit und treffen Sie überlegte Entscheidungen.
- Schaffen Sie sich realistische Gewohnheiten und Routinen, anstatt zu Schnelllösungen zu greifen.

- Richten Sie sich einen auf Sie abgestimmten Arbeitsplatz ein, der hauptsächlich für Ihr Studium genutzt wird.

- Machen Sie sich rechtzeitig Arbeits- und Lernpläne mit konkreten und umsetzbaren Zielen.

- Setzten Sie sich in die erste Reihe, um Ihre Aktivität zu erhöhen.

- Stellen Sie sich Fragen, wenn Sie sich einem Thema nähern.

- Kreieren Sie eine Lernübersicht, um vorbereitet zu sein, bevor Sie es spätestens sein müssen.

- Knüpfen Sie universitätsbezogene Kontakte und suchen Sie Gleichgesinnte.

- Arbeiten Sie mit der Pomodoro-Technik und belohnen Sie sich.

- Nutzen Sie Lern- und Lesestrategien und passen Sie diese an Ihre Mechanismen an.

Lesetipps

Hier finden Sie eine Liste an Büchern, mit deren Hilfe Sie Ihre Kenntnisse auf verschiedenen Gebieten noch ausbauen können.

Auch Literatur zu Aspekten, die hier nicht behandelt wurden, ist mit angegeben. Zur Übersicht sind sie nach unterschiedlichen Themen geordnet.

Motivation, Prokrastination, Gewohnheiten

- Cialdini, Robert B.: Die Psychologie des Überzeugens. Wie Sie sich selbst und Ihren Mitmenschen auf die Schliche kommen. Bern: Hogrefe AG 2017.
- Clear, James: Die 1%-Methode. Minimale Veränderung, maximale Wirkung: mit kleinen Gewohnheiten

jedes Ziel erreichen. München: Wilhelm Goldmann Verlag 2020.

- Duhigg, Charles: Die Macht der Gewohnheit. Warum wir tun, was wir tun. 8. Auflage. München: Piper Taschenbuch 2013.
- Duhigg, Charles: Smarter, schneller, besser. Warum manche Menschen so viel erledigt bekommen – und andere nicht. München: Redline Verlag 2017.

Organisations-, Arbeits- und Lerntechniken

- Heister, Werner: Studieren mit Erfolg. Effizientes Lernen und Selbstmanagement in Bachelor-, Master und Diplomstudiengängen. Stuttgart: Schäffer-Peoschel Verlag 2007.
- Rost, Friedrich: Lern- und Arbeitstechniken für das Studium. 6. Auflage. Wiesbaden: VS Verlag für Sozialwissenschaften 2010.

Lesetechniken

- Buzan, Tony: Speed Reading. Schneller lesen, mehr verstehen, besser behalten. 6. Auflage. München: Wilhelm Goldmann Verlag 2007.
- Ott, Ernst: Optimales Lesen. Schneller lesen – mehr behalten: Ein 25-Tage-Programm. 32. Auflage. Reinbek bei Hamburg: Rowohlt Taschenbuch Verlag 2007.

Wissenschaftliches Schreiben

- Girgensohn, Katrin/ Sennewald, Nadja: Schreiben lehren, schreiben lernen. Eine Einführung. Darmstadt: WBG 2012.

- Kruse, Otto: Keine Angst vor dem leeren Blatt. Ohne Schreibblockaden durchs Studium. 12. Auflage. Frankfurt a. M.: Campus Verlag 2007.

Herstellung und Verlag:

BoD – Books on Demand, Norderstedt

ISBN: 9783754379349

1. Auflage

Kontakt: Psiana eCom UG/ Berumer Str. 44/ 26844 Jemgum

Covergestaltung: Fenna Larsson

Coverfoto: depositphotos.com